Impressum
Verlag: BABADADA GmbH, Nedderfeld 112 , 22529 Hamburg
Geschäftsführer / Verlagsleitung: Harald Hof
Druck: Books on Demand GmbH, In de Tarpen 42, 22848 Norderstedt

Imprint
Publisher: BABADADA GmbH, Nedderfeld 112 , 22529 Hamburg, Germany
Managing Director / Publishing direction: Harald Hof
Print: Books on Demand GmbH, In de Tarpen 42, 22848 Norderstedt, Germany

escola

בית ספר

sala de aulas
כיתה
dividir
חילק
186/2
quadro
לוח
pátio da escola
professor
מורה
papel
נייר
escrever
כתב
caneta
עט
escrivaninha
שולחן עבודה
régua
סרגל
livro
ספר
aluno
תלמיד

sacola

ילקוט

estojo de lápis

קלמר

lápis

עיפרון

apontador de lápis

מחדד

borracha

גומי מחיקה

bloco de desenho

חוברת סרטוט

2

desenho

סרטוט

pincel

מברשת

estojo de tintas

קופסת צבעים

tesoura

מספריים

cola

דבק

livro de exercícios

ספר תרגול

lição de casa

שיעור בית

número

מספר

somar

חיבר

subtrair

חיסר

multiplicar

הכפיל

calcular

חישב

letra

אות

alfabeto

אלפבית

palavra

מילה

texto

טקסט

ler

קרא

giz

גיר

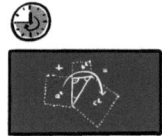

hora

שיעור

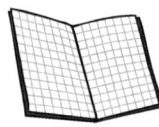

registro da classe

יומן נוכחות

exame

מבחן

certificado

תעודה

uniforme escolar

תלבושת בית ספר

educação

חינוך

enciclopédia

אנציקלופדיה

universidade

אוניברסיטה

microscópio

מיקרוסקופ

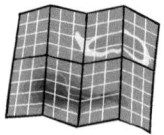

mapa

מפה

cesto de lixo

סל נייר

viagem

נסיעה

hotel
מלון
albergue
הוסטל
casa de câmbio
המרת מטבע
mala
מזוודה
carro
אוטו

idioma

שפה

sim / não

כן / לא

ok

בסדר

Olá

שלום

tradutor

מתרגם

obrigado

תודה

quanto custa...?

כמה עולה.....?

eu não entendo

אני לא מבין

problema

בעיה

boa noite!

ערב טוב!

Bom dia!

בוקר טוב!

Boa noite!

לילה טוב!

até logo

להתראות

direção

כיוון

bagagem

כבודה

bolsa

תיק

mochila

תרמיל גב

convidado

אורח

quarto

חדר

saco de dormir

שק שינה

barraca

אוהל

informação turística

מרכז מידע לתיירים

praia

חוף ים

cartão de crédito

כרטיס אשראי

café da manhã

ארוחת בוקר

almoço

ארוחת צהריים

jantar

ארוחת ערב

bilhete

כרטיס

elevador

מעלית

selo

בול

fronteira

גבול

alfândega

מכס

embaixada

שגרירות

visto

אשרה

passaporte

דרכון

transporte
תחבורה

avião
מטוס
navio
אונייה
carro de bombeiros
כבאית
ônibus
אוטובוס
caminhão
משאית
barco a motor
סירת מנוע
bicicleta
אופניים
carro
אוטו

balsa

מעבורת

barco

סירה

motocicleta

אופנוע

veículo policial

ניידת משטרה

carro de corrida

מכונית מרוץ

carro de aluguel

רכב שכור

compartilhamento de
automóvel
מכוניות בשיתוף

caminhão de reboque
אוטו גרר

caminhão de lixo
משאית זבל

motor
מנוע

combustível
דלק

posto de gasolina
תחנת דלק

placa de trânsito
תמרור

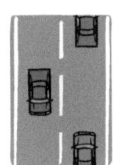

trânsito
תנועה

trânsito lento
פקק תנועה

estacionamento
חניה

estação de trem
תחנת רכבת

trilhos
פסי רכבת

trem
רכבת

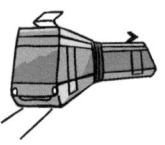

bonde
רכבת קלה

vagão
קרון

helicóptero

מסוק

aeroporto

שדה-תעופה

torre

מגדל

passageiro

נוסע

contêiner

קונטיינר

cartolina

קרטון

carroça

עגלה

cesto

סל

decolar / pousar

המראה / נחיתה

cidade

עיר

vilarejo

כפר

centro da cidade

מרכז העיר

casa

בית

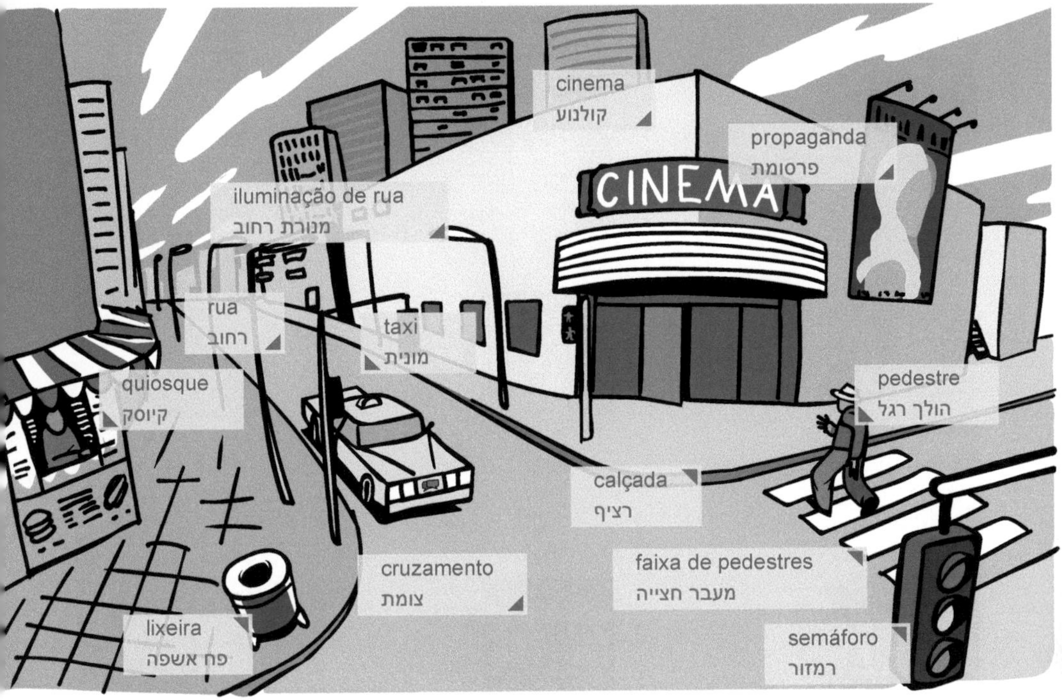

CINEMA

cinema / קולנוע

propaganda / פרסומת

iluminação de rua / מנורת רחוב

rua / רחוב

taxi / מונית

quiosque / קיוסק

pedestre / הולך רגל

calçada / רציף

cruzamento / צומת

faixa de pedestres / מעבר חצייה

lixeira / פח אשפה

semáforo / רמזור

cabana

בקתה

apartamento

דירה

estação de trem

תחנת רכבת

prefeitura

עירייה

museu

מוזיאון

escola

בית ספר

universidade

אוניברסיטה

banco

בנק

hospital

בית חולים

hotel

מלון

farmácia

בית מרקחת

escritório

משרד

livraria

חנות ספרים

loja

חנות

floricultura

חנות פרחים

supermercado

סופרמרקט

mercado

שוק

loja de departamentos

כל-בו

peixaria

מוכר דגים

centro comercial

קניון

porto

נמל

parque

פארק

banco

ספסל

ponte

גשר

escadas

מדרגות

metrô

רכבת תחתית

túnel

מנהרה

ponto de ônibus

תחנת אוטובוס

bar

בר

restaurante

מסעדה

caixa de correspondência

תא דואר

placa de rua

שלט רחוב

parquímetro

מדחן

zoológico

גן חיות

piscina

בריכת שחיה

mesquita

מסגד

fazenda

חווה

poluição

זיהום

cemitério

בית עלמין

igreja

כנסייה

parquinho

מגרש משחקים

templo

בית מקדש

paisagem

נוף

folha
עלה

placa de sinalização
תמרור

caminho
דרך

gramado
מרעה

pedra
אבן

árvore
עץ

caminhantes
מטייל

rio
נהר

grama
דשא

flor
פרח

vale

בקעה

montanha

הר

lago

אגם

floresta

יער

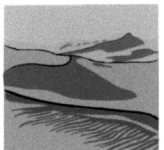

deserto

מדבר

vulcão

הר געש

castelo

טירה

arco-íris

קשת בענן

cogumelo

פטריה

palmeira

דקל

mosquito

יתוש

mosca

זבוב

formiga

נמלה

abelha

דבורה

aranha

עכביש

besouro

חיפושית

sapo

צפרדע

esquilo

סנאי

ouriço

קיפוד

lebre

ארנב

coruja

ינשוף

pássaro

ציפור

cisne

ברבור

javali

חזיר בר

veado

צבי

alce

אייל הקורא

barragem

סכר

aerogerador

טורבינת רוח

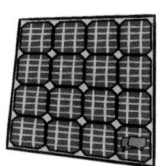

painel solar

פנל סולארי

clima

אקלים

restaurante

מסעדה

garçom
מלצר
menu
תפריט
cadeira
כסא
sopa
מרק
pizza
פיצה
talheres
סכו"ם
toalha de mesa
מפת שולחן

entrada

מנת פתיחה

prato principal

מנה עיקרית

sobremesa

קינוח

bebidas

שתיות

comida

אוכל

garrafa

בקבוק

fastfood

מזון מהיר

comida de rua

אוכל רחוב

bule de chá

קנקן תה

açucareiro

מסכרת

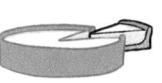

porção

מנה

máquina de expresso

מכונת אספרסו

cadeirão

כסא תינוק

conta

חשבון

bandeja

מגש

faca

סכין

garfo

מזלג

colher

כף

colher de chá

כפית

guardanapo

מפית

copo

כוס

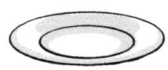

prato

צלחת

prato de sopa

קערת מרק

pires

תחתית

molho

רוטב

saleiro

מלחייה

moedor de pimenta

מטחנת פלפל

vinagre

חומץ

óleo

שמן

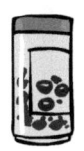

especiarias

תבלינים

ketchup

קטשופ

mostarda

חרדל

maionese

מיונז

supermercado

סופרמרקט

oferta especial
מבצע
FOR
cliente
לקוח
laticínios
מוצרי חלב
frutas
פירות
carrinho de compras
עגלת קניות

açougue

אטליז

padaria

מאפייה

pesar

שקל

legumes

ירקות

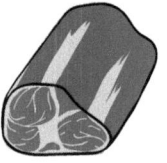

carne

בשר

congelados

מזון קפוא

charcutaria

בשר קר

conservas

שימורים

detergente em pó

אבקת כביסה

doces

ממתקים

artigos domésticos

מוצרי בית

produtos de limpeza

חומר ניקוי

vendedora

מוכרת

caixa

קופה

caixa

קופאי

lista de compras

רשימת קניות

horário de funcionamento

שעות פתיחה

carteira

ארנק

cartão de crédito

כרטיס אשראי

sacola

תיק

saco plástico

שקית נילון

bebidas

שתיות

água

מים

suco

מיץ

leite

חלב

coca-cola

קולה

vinho

יין

cerveja

בירה

álcool

אלכוהול

cacau

קקאו

chá

תה

café

קפה

expresso

אספרסו

cappuccino

קפוצ'ינו

banana

בננה

maçã

תפוח

laranja

תפוז

melão

אבטיח

limão

לימון

cenoura

גזר

alho

שום

bambu

במבוק

cebola

בצל

cogumelo

פטריות

nozes

אגוזים

macarrão

אטריות

espaguete

ספגטי

arroz

אורז

salada

סלט

batatas fritas

צ'יפס

batatas frias

צ'יפס

pizza

פיצה

hambúrger

המבורגר

sanduíche

כריך

escalope

שניצל

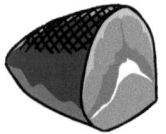

presunto

שינקין

salame

סלאמי

salsicha

נקניקיה

galinha

עוף

assado

טיגון

peixe

דג

flocos de aveia

שיבולת שועל

granola

מוזלי

flocos de milho

קורנפלקס

farinha

קמח

croissant

קרואסון

pãozinho

לחמנייה

pão

לחם

torrada

טוסט

biscoitos

עוגיות

manteiga

חמאה

requeijão

גבינה לבנה

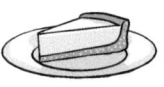

bolo

עוגה

ovo

ביצה

ovo frito

ביצת עין

queijo

גבינה

sorvete

גלידה

açúcar

סוכר

mel

דבש

geleia

ריבה

creme de avelãs

ממרח נוגט

curry

קארי

fazenda
חווה

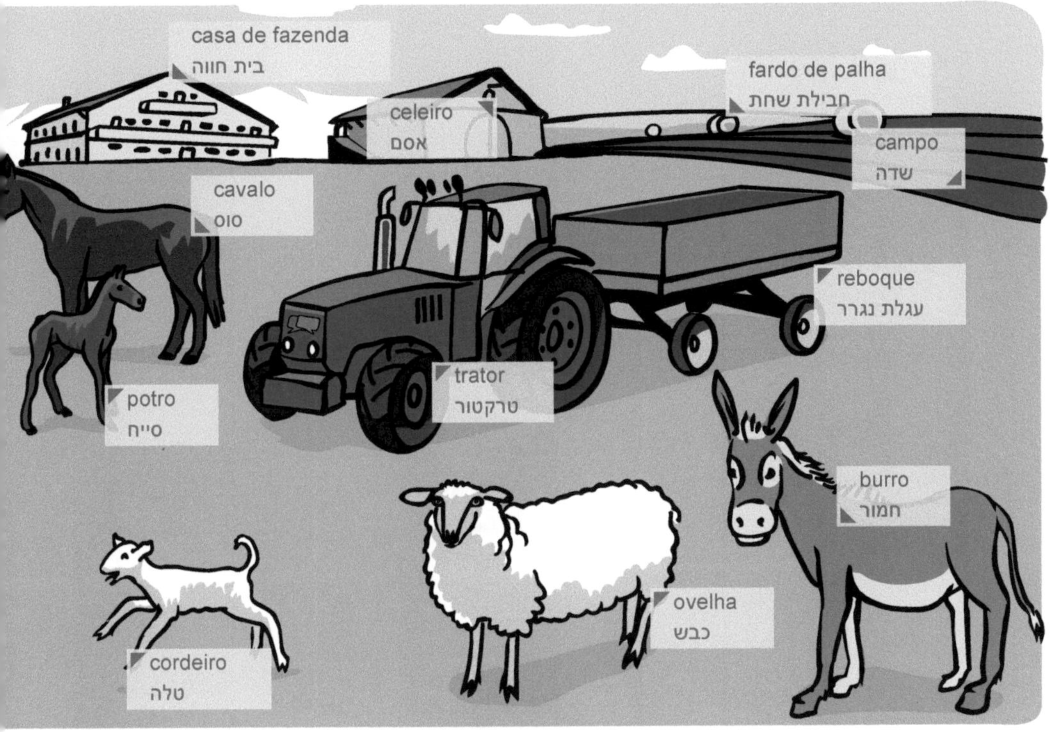

casa de fazenda
בית חווה
fardo de palha
חבילת שחת
celeiro
אסם
campo
שדה
cavalo
סוס
reboque
עגלת נגרר
trator
טרקטור
potro
סייח
burro
חמור
ovelha
כבש
cordeiro
טלה

cabra

עז

vaca

פרה

bezerro

עגל

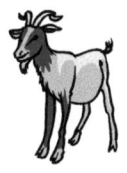

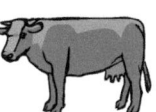

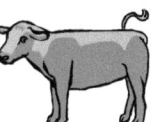

porco

חזיר

leitão

חזרזיר

touro

שור

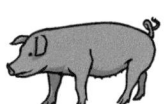

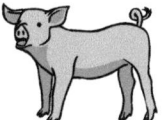

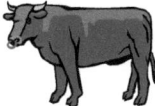

ganso

אווז

pato

ברווז

pintinho

אפרוח

galinha

תרנגולת

galo

תרנגול

ratazana

חולדה

gato

חתול

camundongo

עכבר

boi

שור

cachorro

כלב

casinha do cachorro

מלונה

mangueira de jardim

צינור השקיה

regador

קנקן מים

foice

חרמש

arado

מחרשה

foice

מגל

enxada

מגרפה

forquilha

קלשון

machado

גרזן

carrinho de mão

מריצה

manjedoura

שוקת

jarra de leite

כד חלב

saco

שק

cerca

גדר

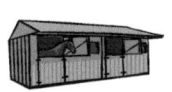

estábulo

אורווה

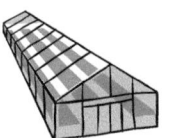

estufa

חממה

solo

אדמה

semente

זרע

fertilizante

דשן

colheitadeira

מקצרה

colher

קצר

colheita

קציר

inhame

בטטה אפריקנית

trigo

חיטה

soja

סויה

batata

תפוח אדמה

milho

תירס

colza

קנולה

árvore frutífera

עץ פירות

mandioca

קסבה

cereais

דגנים

casa

בית

chaminé
ארובה
telhado
גג
calhas de chuva
מרזב
janela
חלון
garagem
מוסך
campainha da porta
פעמון
porta
דלת
lata de lixo
פח אשפה
caixa de correspondência
תיבת מכתבים
jardim
גינה

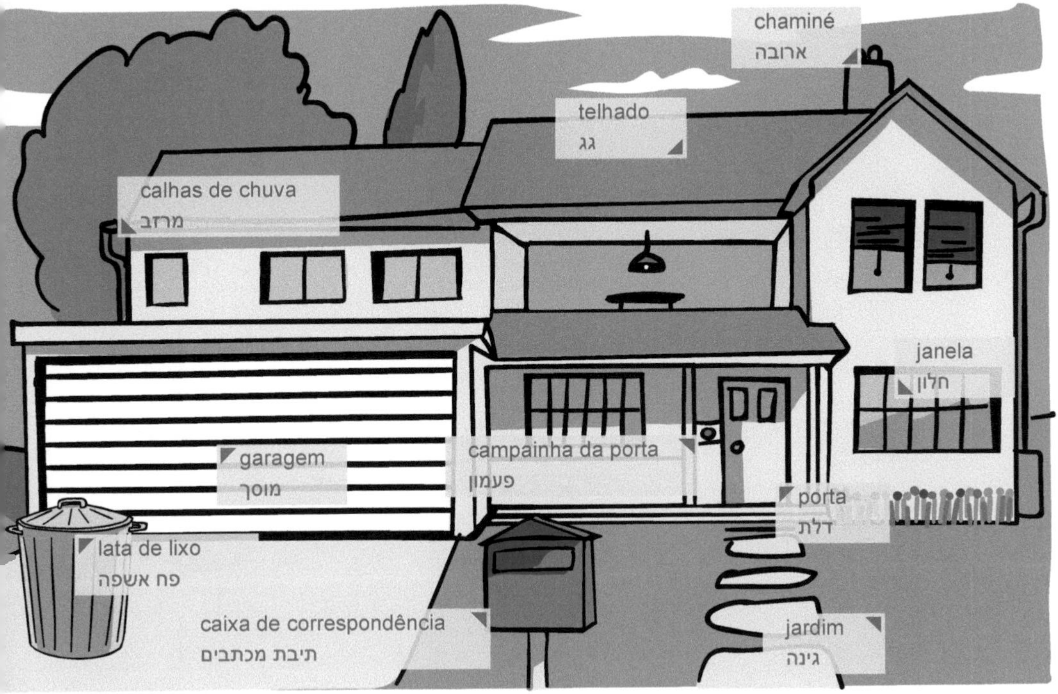

sala de estar

סלון

banheiro

חדר אמבטיה

cozinha

מטבח

quarto de dormir

חדר שינה

quarto de criança

חדר ילדים

sala de jantar

חדר אוכל

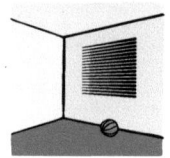

chão

רצפה

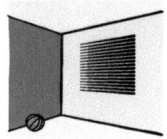

parede

קיר

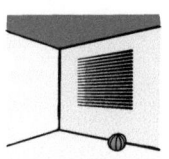

teto

תקרה

porão

מרתף

sauna

סאונה

varanda

מרפסת

terraço

מרפסת

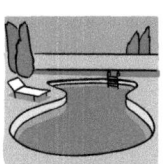

piscina

בריכה

cortador de grama

מכסחת דשא

lençol

סדין

coberta

כיסוי מיטה

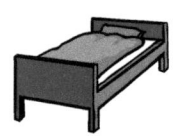

cama

מיטה

vassoura

מטאטא

balde

דלי

interruptor

מפסק

sala de estar
סלון

טפט
quadro
תמונה
lâmpada
מנורה
prateleira
מדף
armário
ארון
televisão
טלוויזיה
lareira
אח
flor
פרח
travesseiro
כרית
sofá
ספה
vaso
אגרטל
controle remoto
שלט רחוק

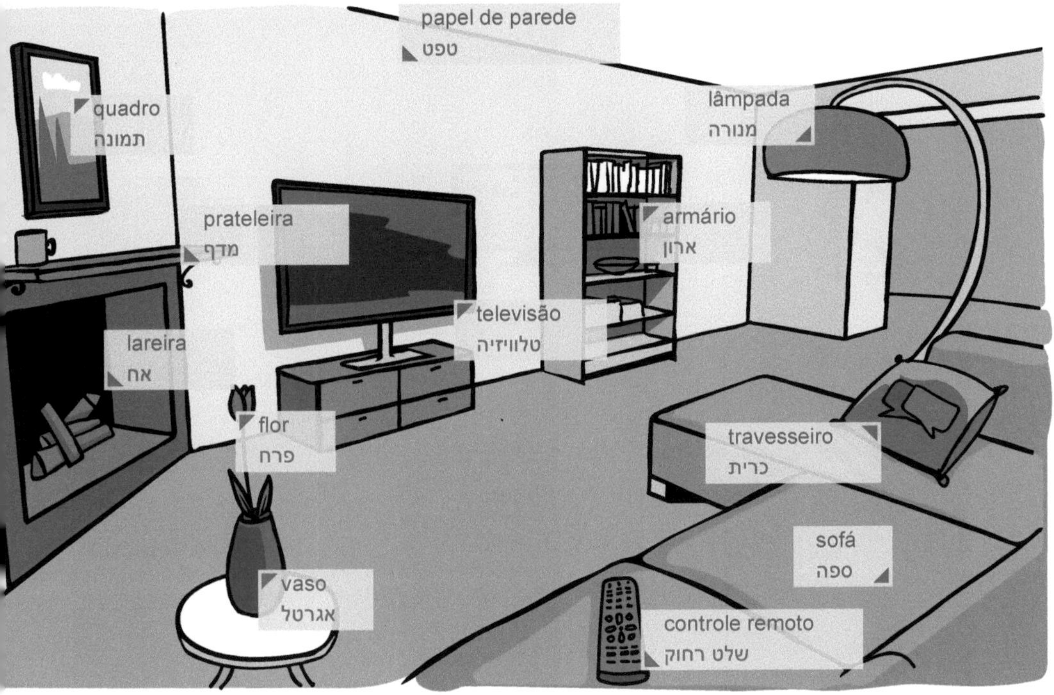

tapete

שטיח

cortina

וילון

mesa

שולחן

cadeira

כסא

cadeira de balanço

כיסא נדנדה

poltrona

כורסה

livro

ספר

cobertor

שמיכה

decoração

דקורציה

lenha

עצי הסקה

filme

סרט

equipamento de som

מערכת סטריאו

chave

מפתח

jornal

עיתון

pintura

ציור

pôster

פוסטר

rádio

רדיו

bloco de notas

מחברת

aspirador

שואב אבק

cacto

קקטוס

vela

נר

cozinha

מטבח

geladeira
מקרר
microondas
מיקרוגל
balança de cozinha
מאזני מטבח
tostadeira
טוסטר
detergente
חומר ניקוי
forno
תנור
freezer
מקפיא
lata de lixo
פח אשפה
lava-louças
מדיח כלים

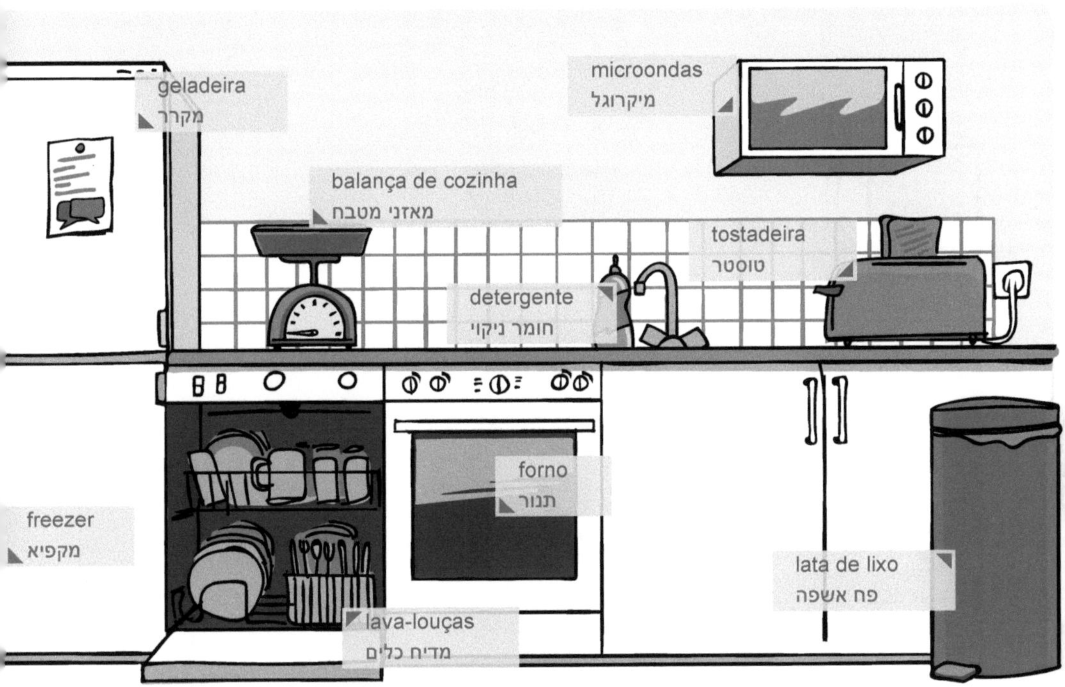

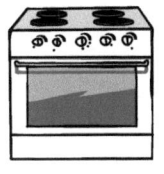

fogão

תנור

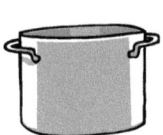

panela

סיר

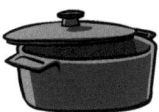

panela de ferro

סיר ברזל

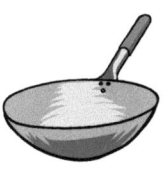

wok / kadai

ווק

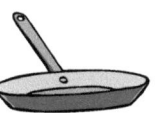

frigideira

מחבת

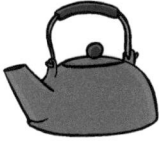

chaleira

קומקום חשמלי

panela a vapor

מאדה

tabuleiro de forno

מגש אפייה

louça

כלי אוכל

caneca

ספל

caçarola

קערה

hashi

צ'ופסטיקס

concha de sopa

מצקת

espátula

מרית

batedor

מטרפה

escorredor

מסננת בישול

peneira

מסננת

ralador

מגרדת

almofariz

מכתש

churrasqueira

גריל

lareira

מדורה

tábua de cortar

קרש חיתוך

rolo da massa

מערוך

saca-rolhas

פותחן פקקים

lata

פחית

abridor de latas

פותחן קופסאות

pegador de panela

מטלית

pia

כיור

escova

מברשת

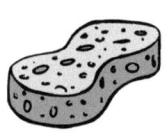

esponja

ספוג

liquidificador

בלנדר

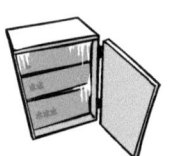

congelador

מקפיא

mamadeira

בקבוק לתינוק

torneira

ברז

banheiro

חדר אמבטיה

aquecimento
חימום
ducha
מקלחת
toalha
מגבת
cortina de chuveiro
וילון מקלחת
banho de espuma
אמבטיית קצף
banheira
אמבטיה
copo
כוס
lava-roupa
מכונת כביסה
torneira
ברז
azulejos
אריחים
penico
סיר לילה
pia
כיור

vaso sanitário

אסלה

lavabo de agachar

אסלת כריעה

bidê

בידה

mictório

משתנה

papel higiênico

נייר טואלט

escova de privada

מברשת אסלה

38 banheiro - חדר אמבטיה

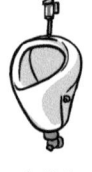

escova de dentes

מברשת שיניים

pasta de dentes

משחת שיניים

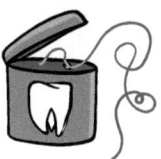

fio dental

חוט דנטלי

lavar

שטף

ducha de mão

מקלחת יד

ducha íntima

צינור שטיפה לשירותים

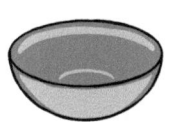

bacia

קערת רחצה

escova para as costas

מברשת גב

sabonete

סבון

gel de banho

ג'ל רחצה

xampu

שמפו

toalha de rosto

ליפה

escoamento

ניקוז

creme

קרם

desodorante

דיאודורנט

espelho

מראה

espelho de mão

מראת יד

barbeador

סכין גילוח

espuma de barbear

קצף גילוח

loção pós-barba

אפטרשייב

pente

מסרק

escova

מברשת

secador de cabelo

מייבש שיער

spray de cabelo

ספריי לשיער

maquiagem

איפור

batom

שפתון

esmalte de unhas

לק

algodão

צמר גפן

tesoura para unhas

מספריים לציפורניים

perfume

בושם

nécessaire

תיק כלי רחצה

banquinho

שרפרף

balança

משקל

roupão de banho

חלוק רחצה

luvas de borracha

כפפות גומי

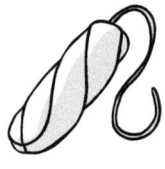

absorvente interno

טמפון

absorvente íntimo

תחבושת סניטרית

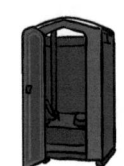

banheiro químico

שירותים כימיקליים

quarto de criança
חדר ילדים

despertador
שעון מעורר
boneco de pelúcia
צעצוע חיבוק
carrinho de brinquedo
מכונית צעצוע
chacoalho
רעשן
casa de bonecas
בית בובות
presente
מתנה

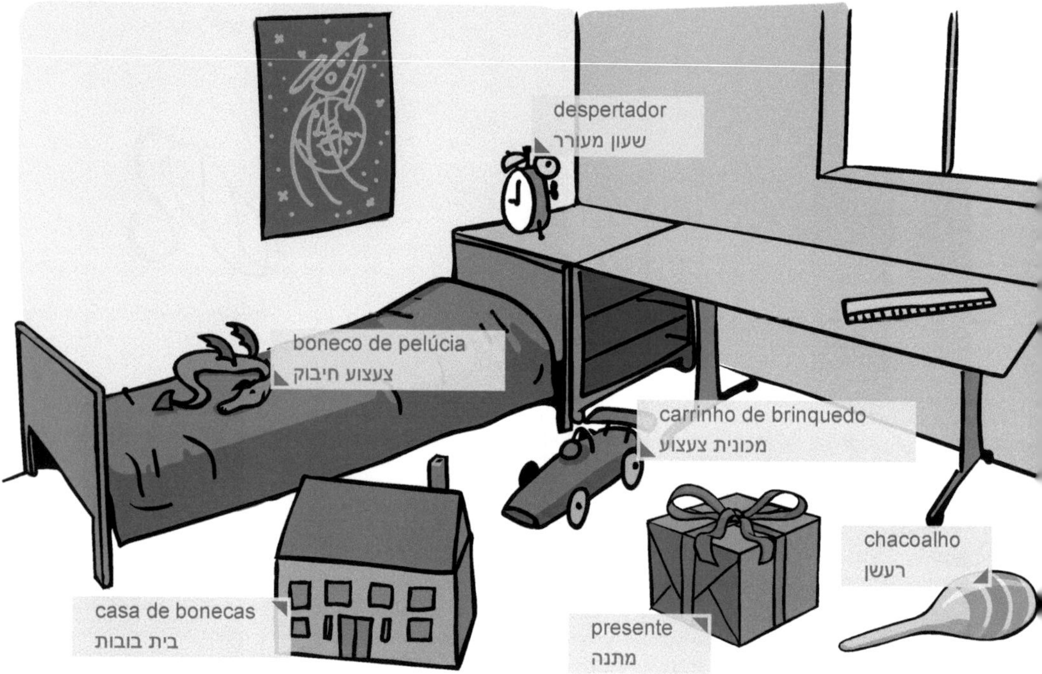

balão
בלון

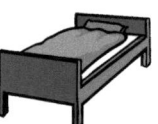

cama
מיטה

carrinho de bebê
עגלה

jogo de cartas
משחק קלפים

quebra-cabeças
פאזל

revista de quadrinhos
קומיקס

peças de Lego

לגו

blocos de construção

קוביות משחק

figura de ação

דמות משחק

macaquinho de bebê

סרבל תינוקות

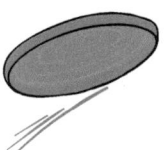

frisbee

פריזבי

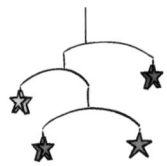

móbile para bebé

נייד

jogo de tabuleiro

משחק לוח

dados

קוביה

trenzinho elétrico

רכבת צעצוע

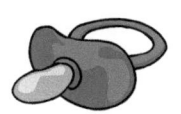

chupeta

מוצץ

festa

מסיבה

livro ilustrado

אלבום תמונות

bola

כדור

boneca

בובה

brincar

שיחק

caixa de areia

ארגז חול

balanço

נדנדה

brinquedos

צעצועים

videogame

קונסולת משחקים

triciclo

אופניים תלת גלגלי

ursinho de pelúcia

דובון

guarda-roupa

ארון בגדים

vestuário

בגדים

meias

גרביים

meias pelo joelho

גרביונים

meias-calças

גרביון

cachecol
צעיף

guarda-chuva
מטריה

camiseta
חולצת טי

cinto
חגורה

botas
מגפיים

chinelos
נעלי בית

tênis
נעלי ספורט

sandálias
סנדלים

sapatos
נעליים

botas de borracha
מגפי גומי

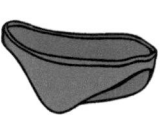

roupa de baixo
תחתונים

sutiã
חזייה

camiseta de baixo
וסט

body

גוף

calças

מכנסיים

jeans

ג'ינס

saia

חצאית

blusa

חולצה מכופתרת

camisa

חולצה

pulôver

אפודה

suéter com capuz

סווצ'ר עם קפוצ'ון

blazer

בלייזר

jaqueta

ז'קט

casaco

מעיל

gabardine

מעיל גשם

traje

תלבושת

vestido

שמלה

vestido de casamento

שמלת כלה

terno

חליפה

camisola

כותונת לילה

pijama

פיג'מה

sari

סארי

lenço de cabeça

מטפחת ראש

turbante

טורבן

burca

בורקה

cafetã

קאפטן

abaya

עבאיה

maiô

בגד ים

sunga

בגד ים

shorts

מכנסיים קצרים

roupa de treino

בגד אימון

avental

סינר

luvas

כפפות

botão

כפתור

óculos

משקפיים

pulseira

צמיד יד

colar

שרשרת

anel

טבעת

brinco

עגיל

boné

כובע

cabide

קולב

chapéu

כובע

gravata

עניבה

zíper

רוכסן

capacete

קסדה

suspensórios

כתפיות

uniforme escolar

תלבושת בית ספר

uniforme

מדים

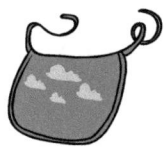

babador

מפית אוכל

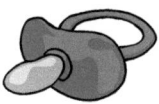

chupeta

מוצץ

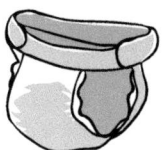

fralda

חיתול

escritório

משרד

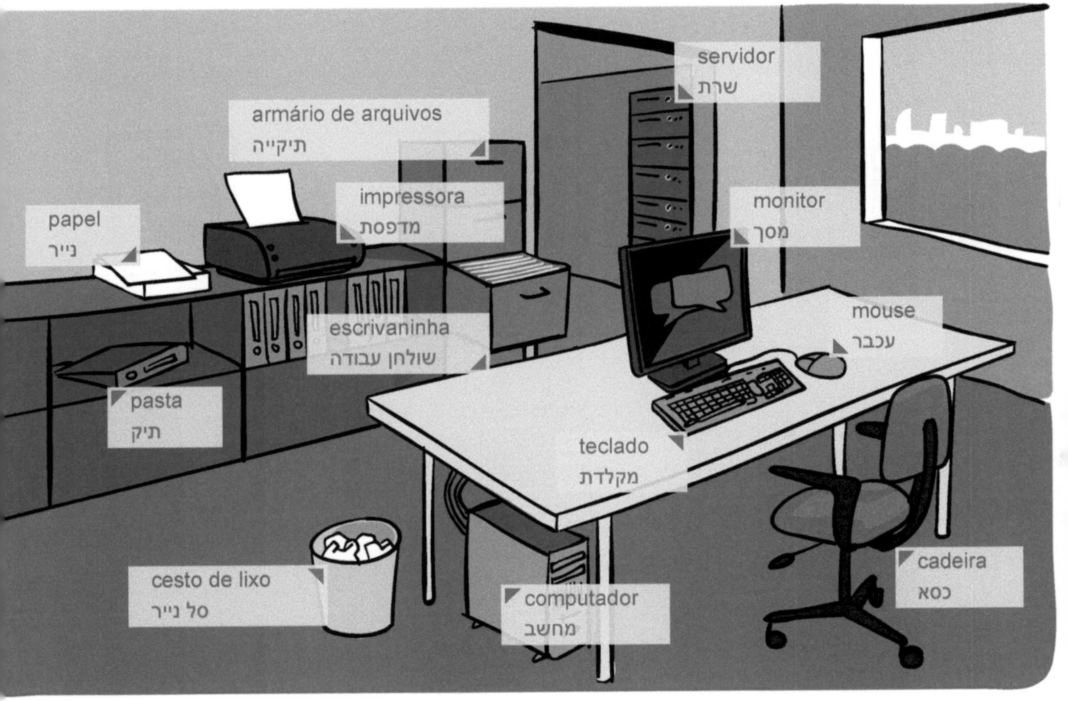
servidor
שרת
armário de arquivos
תיקייה
impressora
מדפסת
papel
נייר
monitor
מסך
mouse
עכבר
escrivaninha
שולחן עבודה
pasta
תיק
teclado
מקלדת
cesto de lixo
סל נייר
computador
מחשב
cadeira
כסא

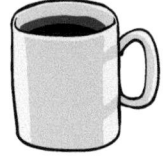

xícara de café

ספל קפה

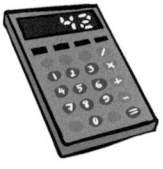

calculadora

מחשבון

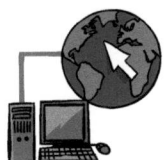

internet

אינטרנט

laptop

מחשב נייד

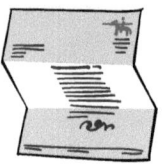

carta

מכתב

mensagem

הודעה

celular

נייד

rede

רשת

copiadora

מכונת צילום

software

תוכנה

telefone

טלפון

tomada

שקע

fax

פקס

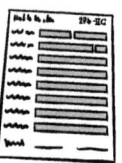

formulário

טופס

documento

מסמך

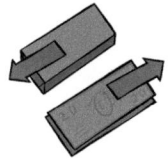

comprar

קנה

pagar

שילם

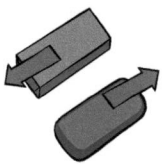

negociar

סחר

dinheiro

כסף

USD

Dólar

דולר

EUR

Euro

יורו

JPY

Yen

ין

RUB

rublo

רובל

CHF

franco suíço

פרנק שווייצרי

CNY

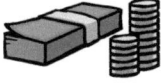

renminbi yuan

יואן רנמינבי

INR

rupia

רופי

caixa eletrônico

כספומט

casa de câmbio

המרת מטבע

ouro

זהב

prata

כסף

petróleo

נפט

energia

אנרגיה

preço

מחיר

contrato

חוזה

imposto

מס

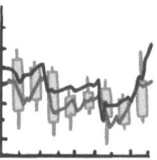

ação

מנייה

trabalhar

עבד

empregado

עובד

empregador

מעסיק

fábrica

מפעל

loja

חנות

profissões

מקצועות

policial
שוטר
bombeiro
כבאי
cozinheiro
טבח
médico
רופא
piloto
טייס

jardineiro

גנן

marceneiro

נגר

costureira

תופרת

juiz

שופט

químico

כימאי

ator

שחקן

motorista de ônibus

נהג אוטובוס

motorista de táxi

נהג מונית

pescador

דייג

faxineira

עובדת נקיון

telhador

מתקן גגות

garçom

מלצר

caçador

צייד

pintor

צייר

padeiro

אופה

eletricista

חשמלאי

construtor

עובד בניין

engenheiro

מהנדס

açougueiro

קצב

encanador

אינסטלטור

carteiro

דוור

soldado

חייל

arquiteto

אדריכל

caixa

קופאי

florista

מוכר פרחים

cabelereiro

ספר

condutor

כרטיסן

mecânico

מכונאי

capitão

קברניט

dentista

רופא שיניים

cientista

מדען

rabino

רב

imam

אימאם

monge

נזיר

pastor

כומר

ferramentas
כלי עבודה

alicate
צבת
martelo
פטיש
chave de fenda
מברג
chave inglesa
מפתח ברגים
lanterna
פנס

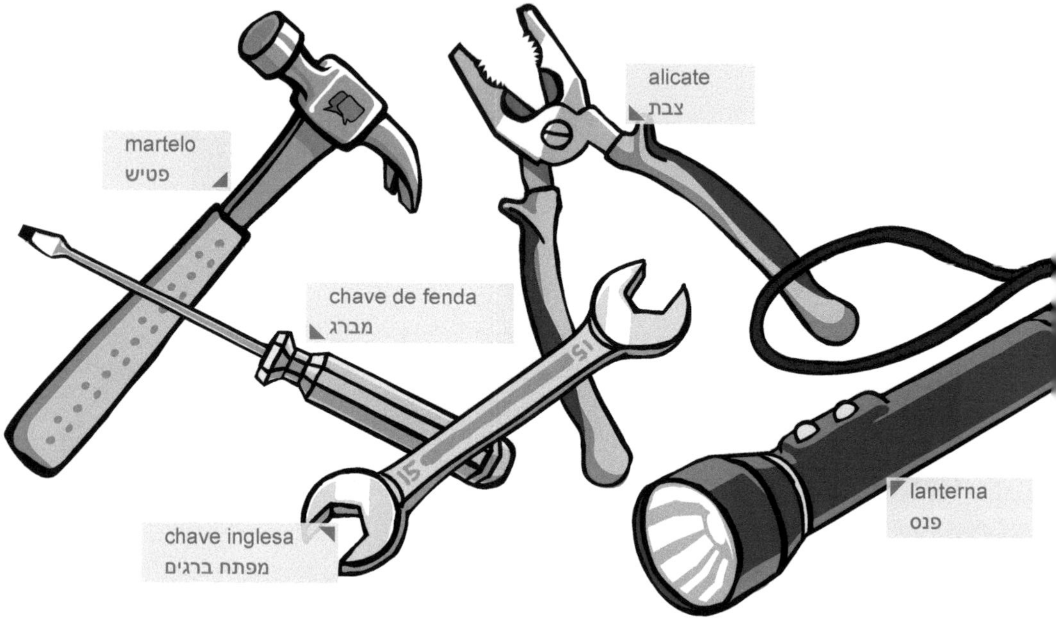

escavadora
דחפור

caixa de ferramentas
ארגז כלים

escada de mão
סולם

serra
מסור

pregos
מסמרים

furadeira
מקדחה

consertar

תיקן

pá

את חפירה

Droga!

לעזאזל!

pá de lixo

יעה

pote de tinta

פח צבע

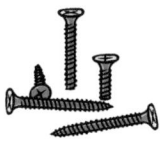

parafusos

ברגים

instrumentos musicais

כלי נגינה

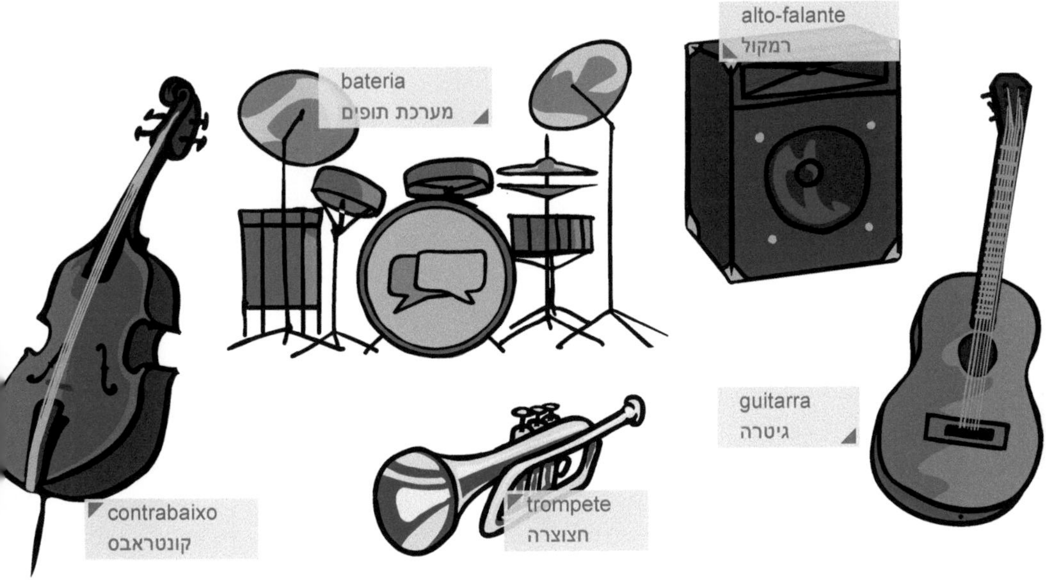

alto-falante
רמקול
bateria
מערכת תופים
guitarra
גיטרה
contrabaixo
קונטראבס
trompete
חצוצרה

piano

פסנתר

violino

כינור

baixo

בס

timbales

תוף הדוד

tambor

תופים

teclado

מקלדת פסנתר

saxofone

סקסופון

flauta

חליל

microfone

מיקרופון

zoológico

גן חיות

entrada
כניסה
tigre
נמר
gaiola
כלוב
zebra
זברה
ração animal
מזון לחיות
panda
פנדה

animais
בעלי חיים

elefante
פיל

canguru
קנגרו

rinoceronte
קרנף

gorila
גורילה

urso
דוב

camelo

גמל

avestruz

יען

leão

אריה

macaco

קוף

flamingo

פלמינגו

papagaio

תוכי

urso polar

דוב הקרח

pinguim

פינגווין

tubarão

כריש

pavão

טווס

cobra

נחש

crocodilo

תנין

guarda do zoológico

שומר גן החיות

foca

כלב ים

jaguar

יגואר

pônei

סוס פוני

leopardo

לאופרד

hipopótamo

היפופוטאם

girafa

ג'ירפה

águia

נשר

javali

חזיר בר

peixe

דג

tartaruga

צב

morsa

סוס ים

raposa

שועל

gazela

איילה

esportes
ספורט

futebol americano
פוטבול אמריקאי
ciclismo
רכיבת אופניים
tênis
טניס
basquete
כדורסל
natação
שחיה
boxe
אגרוף
hóquei no gelo
הוקי

futebol

כדורגל

badminton

בדמינטון

atletismo

אתלטיקה

handebol

כדור-יד

esqui

עשה סקי

polo

פולו

atividades

פעילויות

rir
צחק
pular
קפץ
abraçar
חיבק
andar
הלך
cantar
שר
sonhar
חלם
rezar
התפלל
beijar
נשק

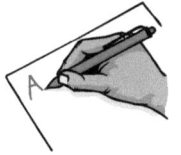

escrever

כתב

desenhar

צייר

mostrar

הראה

empurrar

דחף

dar

נתן

tomar

לקח

ter
יש / להיות הבעלים

fazer
עשה

ser
היה

ficar de pé
עמד

correr
רץ

puxar
משך

jogar
זרק

cair
נפל

deitar
שכב

esperar
חיכה

carregar
סחב

sentar
ישב

vestir
התלבש

dormir
ישן

despertar
התעורר

olhar para

הסתכל ב-

chorar

בכה

acariciar

ליטף

pentear

סירק

falar

דיבר

entender

הבין

perguntar

שאל

ouvir

שמע

beber

שתה

comer

אכל

arrumar

סידר

amar

אהב

cozinhar

בישל

dirigir

נהג

voar

עף

velejar

שט

calcular

חישב

ler

קרא

aprender

למד

trabalhar

עבד

casar

התחתן

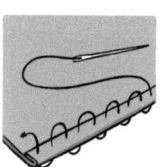

costurar

תפר

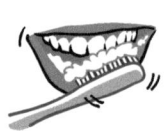

escovar os dentes

ציחצח שיניים

matar

הרג

fumar

עישן

enviar

שלח

avó
סבתא

avô
סבא

pai
אבא

mãe
אימא

bebê
תינוק

filha
בת

filho
בן

convidado

אורח

tia

דודה

tio

דוד

irmão

אח

irmã

אחות

corpo

גוף

testa
מצח
olho
עין
ombro
כתף
dedo
אצבע
rosto
פנים
queixo
סנטר
mão
כף יד
perna
רגל
peito
חזה
braço
זרוע

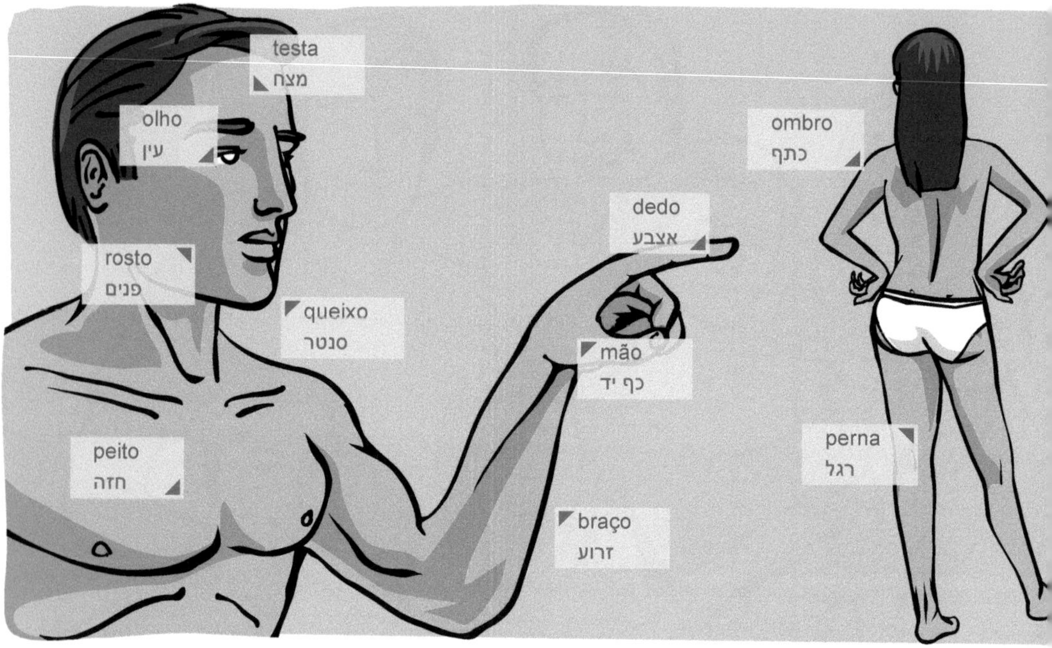

bebê

תינוק

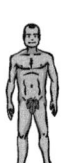

homem

איש

mulher

אישה

menina

ילדה

menino

ילד

cabeça

ראש

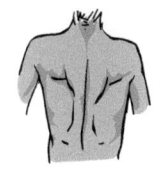

costas

גב

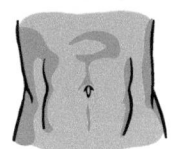

barriga

בטן

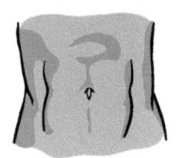

umbigo

טבור

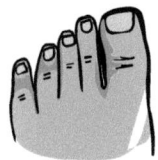

dedo do pé

אצבע

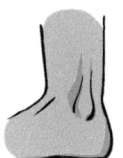

calcanhar

עקב

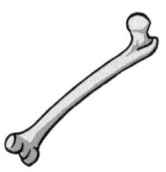

osso

עצם

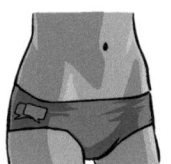

anca

ירך

joelho

ברך

cotovelo

מרפק

nariz

אף

nádegas

עכוז

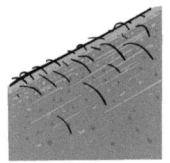

pele

עור

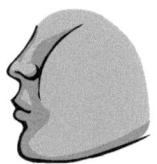

bochecha

לחי

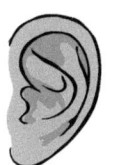

orelha

אוזן

lábio

שפתיים

boca

פה

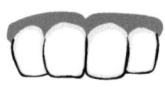

dente

שן

língua

לשון

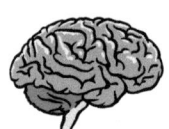

cérebro

מוח

coração

לב

músculo

שריר

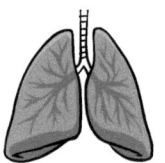

pulmão

ריאה

fígado

כבד

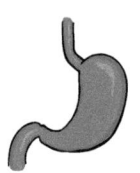

estômago

קיבה

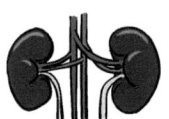

rins

כליות

relações sexuais

מין

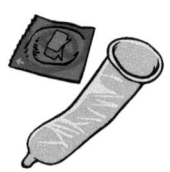

preservativo

קונדום

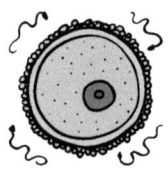

óvulo

ביצית

esperma

זרע

gravidez

הריון

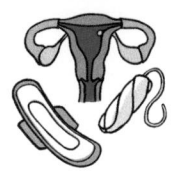

menstruação

ווסת

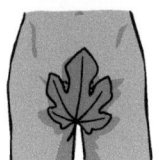

vagina

נרתיק

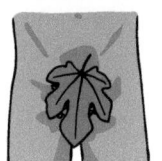

pênis

פין

sobrancelha

גבה

cabelo

שיער

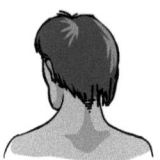

pescoço

צוואר

hospital

בית חולים

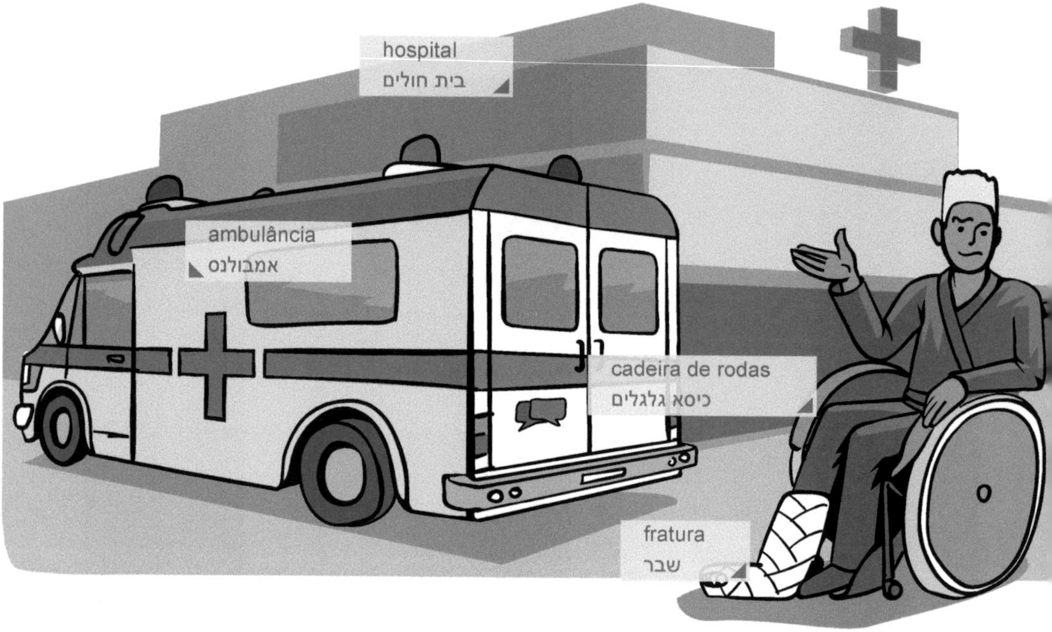

hospital
בית חולים
ambulância
אמבולנס
cadeira de rodas
כיסא גלגלים
fratura
שבר

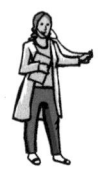

médico

רופא

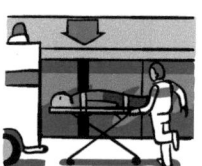

pronto-socorro

חדר מיון

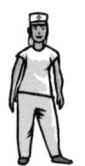

enfermeira

אחות

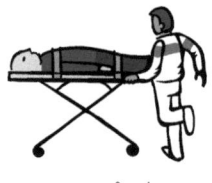

emergência

חירום

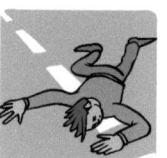

inconsciente

חסר הכרה

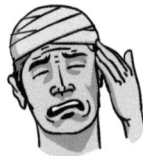

dor

כאב

ferimento

פציעה

hemorragia

דימום

ataque cardíaco

התקף לב

acidente vacular cerebral

שבץ

alergia

אלרגיה

tosse

שיעול

febre

חום

gripe

שפעת

diarreia

שלשול

dor de cabeça

כאב ראש

câncer

סרטן

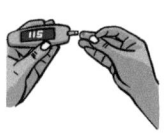

diabetes

סוכרת

cirurgião

מנתח

bisturi

אזמל

operação

ניתוח

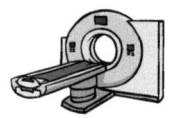

CT

סי-טי

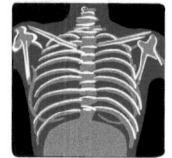

raio x

רנטגן

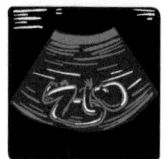

ultrassom

אולטרסאונד

máscara

מסיכת פנים

doença

מחלה

sala de espera

חדר המתנה

muleta

קבה

bandeide

פלסטר

ligadura

תחבושת

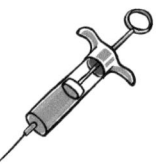

injeção

זריקה

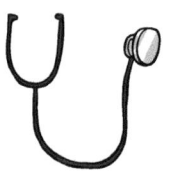

estetoscópio

סטטוסקופ

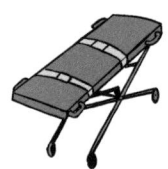

maca

אלונקה

termômetro

מד חום

nascimento

לידה

excesso de peso

עודף משקל

aparelho auditivo

מכשיר שמיעה

desinfetante

מחטא

infecção

זיהום

vírus

נגיף

HIV / AIDS

איידס

medicamento

תרופה

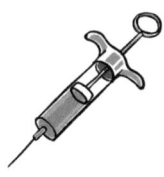

vacinação

חיסון

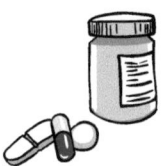

comprimidos

טבליות

pílula

גלולה

chamada de emergência

קריאת חירום

dispositivo de medição de
pressão arterial

מד לחץ דם

doente / saudável

חולה / בריא

emergência
חירום

Socorro!
הצילו!

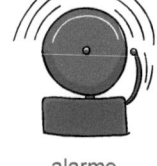

alarme
אזעקה

assalto
פשיטה

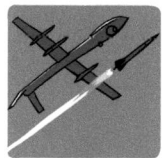

ataque
תקיפה

perigo
סכנה

saída de emergência
יציאת חירום

Fogo!
אש!

extintor de incêndios
מטף כיבוי

acidente
תאונה

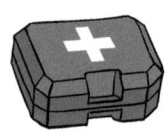

maleta de primeiros socorros
ערכת עזרה ראשונה

SOS
הצילו!

polícia
משטרה

Terra

כדור הארץ

Europa

אירופה

América do Norte

צפון אמריקה

América do Sul

דרום אמריקה

África

אפריקה

Ásia

אסיה

Austrália

אוסטרליה

Atlântico

האוקיינוס האטלנטי

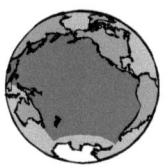

Pacífico

האוקיינוס השקט

Oceano Índico

האוקיינוס ההודי

Oceano Antártico

האוקיינוס האנטרקטי

Oceano Ártico

האוקיינוס הארקטי

Polo Norte

הקוטב הצפוני

Polo Sul

הקוטב הדרומי

Antártica

אנטארקטיקה

Terra

כדור הארץ

terra

אדמה

mar

ים

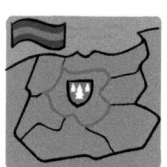

ilha

אי

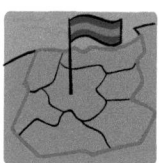

nação

לאום

estado

מדינה

relógio

שעון

mostrador do relógio

פני השעון

ponteiro das horas

מחוג השעות

ponteiro dos minutos

מחוג הדקות

ponteiro dos segundos

מחוג השניות

Que horas são?

מה השעה?

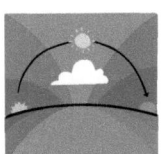

dia

יום

tempo

זמן

agora

עכשיו

relógio digital

שעון דיגיטלי

minuto

דקה

hora

שעה

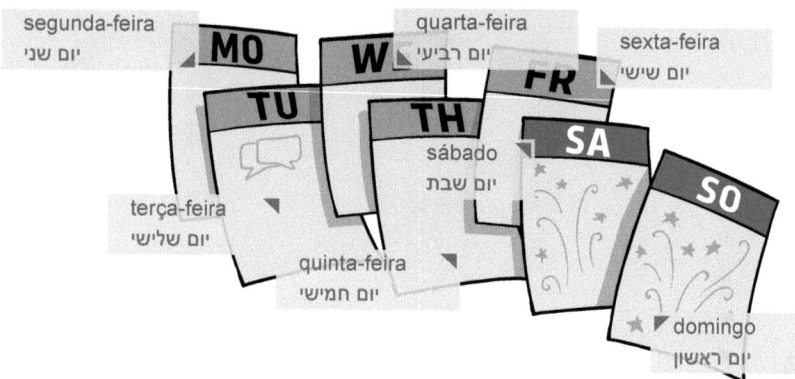

semana

שבוע

segunda-feira
יום שני
quarta-feira
יום רביעי
sexta-feira
יום שישי
sábado
יום שבת
SA
terça-feira
יום שלישי
quinta-feira
יום חמישי
domingo
יום ראשון

ontem

אתמול

hoje

היום

amanhã

מחר

manhã

בוקר

meio-dia

צהריים

entardecer

ערב

dias úteis

ימי עבודה

fim de semana

סוף שבוע

chuva
גשם
arco-íris
קשת בענן
vento
רוח
neve
שלג
primavera
אביב
verão
קיץ
outono
סתיו
inverno
חורף

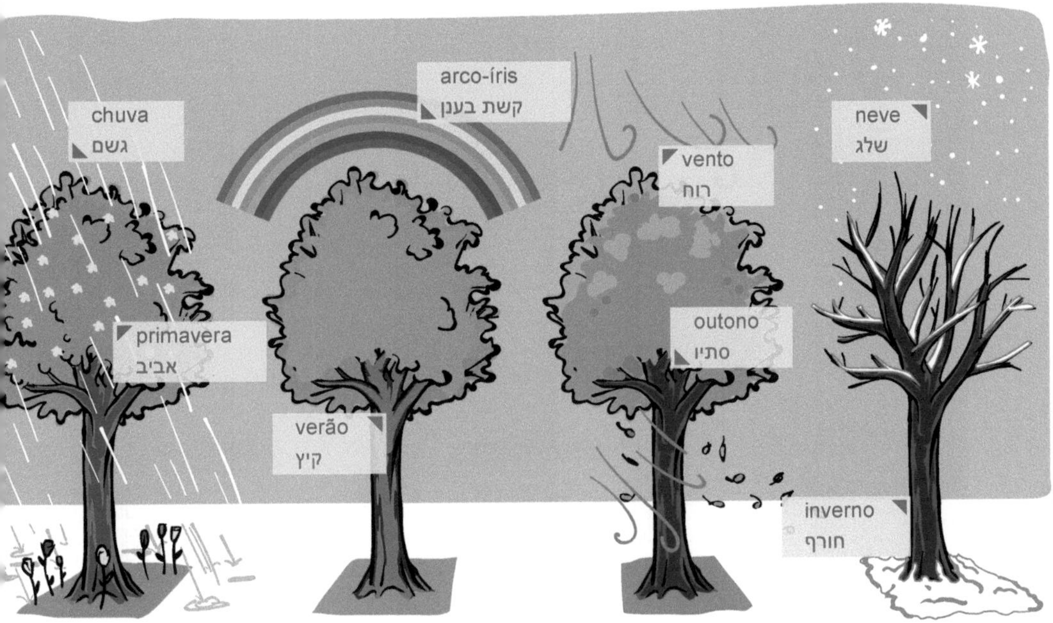

previsão do tempo

תחזית מזג האוויר

C

termômetro

מד חום

raio de sol

אור שמש

nuvem

ענן

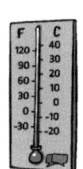

neblina / nevoeiro

ערפל

umidade do ar

לחות

relâmpago

ברק

trovão

רעם

tempestade

סערה

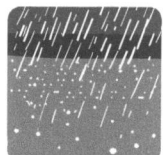

granizo

ברד

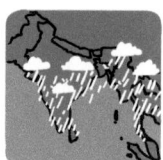

monção

רוח עונתי

inundação

שיטפון

gelo

קרח

janeiro

ינואר

fevereiro

פברואר

março

מרץ

abril

אפריל

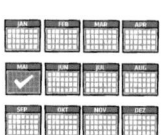

maio

מאי

junho

יוני

julho

יולי

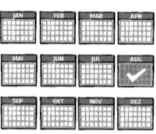

agosto

אוגוסט

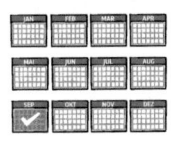

setembro

ספטמבר

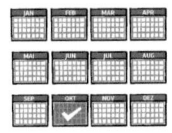

outubro

אוקטובר

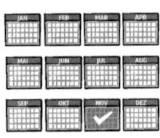

novembro

נובמבר

dezembro

דצמבר

formas

צורות

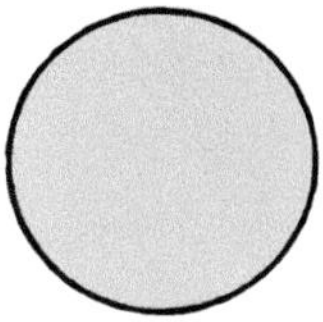

círculo

עיגול

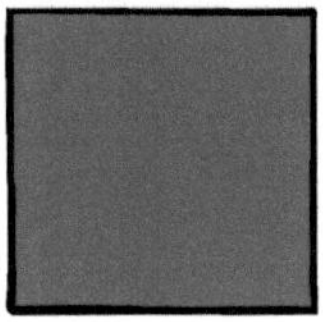

quadrado

מרובע

retângulo

מלבן

triângulo

משולש

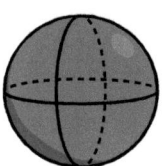

esfera

כדור

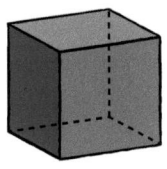

cubo

קובייה

cores

צבעים

branco

לבן

amarelo

צהוב

laranja

כתום

rosa

ורוד

vermelho

אדום

lilás

סגול

azul

כחול

verde

ירוק

marrom

חום

cinza

אפור

preto

שחור

opostos

הפכים

muito / pouco

הרבה / מעט

furioso / tranquilo

כועס / רגוע

lindo / feio

יפה / מכוער

começo / fim

התחלה / סוף

grande / pequeno

גדול / קטן

claro / escuro

בהיר / כהה

irmão / irmã

אח / אחות

limpo / sujo

נקי / מלוכלך

completo / incompleto

שלם / חלקי

dia / noite

יום /לילה

morto / vivo

מת / חי

largo / estreito

רחב / צר

comestível / não comestível

אכיל / לא אכיל

mau / gentil

רשע / טוב לב

entusiasmado / entediado

מתרגש / משועמם

gordo / magro

שמן / רזה

primeiro / último

ראשון / אחרון

amigo / inimigo

חבר / אויב

cheio / vazio

מלא / ריק

duro / macio

קשה / רך

pesado / leve

כבד / קל

fome / sede

רעב / צמא

doente / saudável

חולה / בריא

ilegal / legal

בלתי-חוקי / חוקי

inteligente / idiota

נבון / טיפש

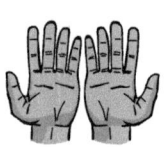

esquerda / direita

שמאל / ימין

perto / longe

קרוב / רחוק

novo / usado

חדש / משומש

nada / alguma coisa

כלום / משהו

velho / jovem

זקן / צעיר

ligado / desligado

פעיל / כבוי

aberto / fechado

פתוח / סגור

baixo / alto

שקט / רועש

rico / pobre

עשיר / עני

certo / errado

נכון / שגוי

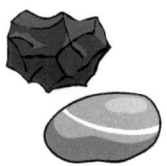

áspero / liso

מחוספס / חלק

triste / feliz

עצוב / שמח

curto / longo

קצר / ארוך

lento / rápido

איטי / מהיר

molhado / seco

רטוב / יבש

ameno / fresco

חם / קר

guerra / paz

מלחמה / שלום

números
מספרים

0
zero
אפס

1
um
אחת

2
dois
שתיים

3
três
שלוש

4
quatro
ארבע

5
cinco
חמש

6
seis
שש

7
sete
שבע

8
oito
שמונה

9
nove
תשע

10
dez
עשר

11
onze
אחת-עשרה

12
doze
....
שתים-עשרה

13
treze
....
שלוש-עשרה

14
quatorze
....
ארבע-עשרה

15
quinze
....
חמש-עשרה

16
dezesseis
....
שש-עשרה

17
dezessete
....
שבע-עשרה

18
dezoito
....
שמונה-עשרה

19
dezenove
....
תשע-עשרה

20
vinte
....
עשרים

100
cem
....
מאה

1.000
mil
....
אלף

1.000.000
milhão
....
מיליון

idiomas

שפות

inglês

אנגלית

inglês americano

אנגלית אמריקאית

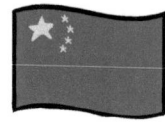

chinês mandarim

סינית מנדרינית

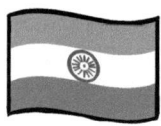

hindi

הודית

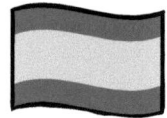

espanhol

ספרדית

francês

צרפתית

árabe

ערבית

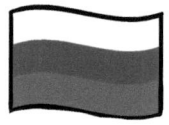

russo

רוסית

português

פורטוגזית

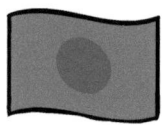

bengalês

בנגלית

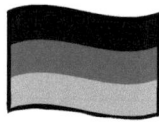

alemão

גרמנית

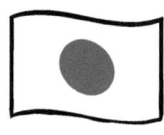

japonês

יפנית

quem / o quê / como
מי / מה / איך

eu

אני

você

אתה / את

ele / ela

הוא / היא / זה

nós

אנחנו

vocês

אתם

eles / elas

הם

quem?

מי?

O quê?

מה?

como?

איך?

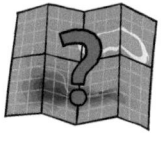

onde?

איפה?

Quando?

מתי?

nome

שם

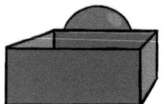

onde

איפה

atrás

מאחור

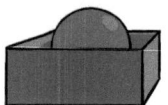

em

בתוך

na frente de

לפני

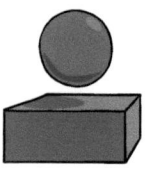

sobre

מעל

em cima

על

debaixo

מתחת

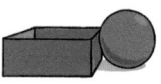

do lado

ליד

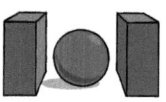

entre

בין

lugar

מקום